BEI GRIN MACHT SICH IHR WISSEN BEZAHLT

- Wir veröffentlichen Ihre Hausarbeit, Bachelor- und Masterarbeit

- Ihr eigenes eBook und Buch - weltweit in allen wichtigen Shops

- Verdienen Sie an jedem Verkauf

Jetzt bei www.GRIN.com hochladen und kostenlos publizieren

Bibliografische Information der Deutschen Nationalbibliothek:

Die Deutsche Bibliothek verzeichnet diese Publikation in der Deutschen National-
bibliografie; detaillierte bibliografische Daten sind im Internet über http://dnb.d-
nb.de/ abrufbar.

Impressum:

Copyright © 2020 GRIN Verlag
Druck und Bindung: Books on Demand GmbH, Norderstedt Germany
ISBN: 9783346194978

Alexander Meyer

Glücksforschung, Emotionsmessung und das Rubiko-Modell

GRIN Verlag

SRH Fernhochschule

Bachelorstudium Psychologie

Einsendeaufgabe Alternative C

„Glücksforschung, Emotionsmessung und das Rubiko-Modell"

Allgemeine Psychologie 2

Vorname, Name: Alexander, Meyer

Ort, Datum: Stendal, 31.12.19

Inhaltsverzeichnis

Abbildungsverzeichnis

Aufgabe C1 Glück

Glück zu definieren erweist sich als schwierige Aufgabe. Jedoch stellt Glück eine Basisemotion dar, die meist sehr gut an dem Gesichtsausdruck der glücklichen Person erkannt werden kann.[1] In verschiedenen Ländern wird Glück unterschiedlich definiert. Jedoch findet sich in Deutschland die Vorstellung von Glück, als ein dauerhaftes, umfassendes Wohlbefinden, welches als intensiv erlebt wird.[2] Wohingegen die Freude als etwas spontan, kurzfristiges auftretendes verstanden wird. Um Glück näher zu definieren, bedarf es Zustände, die nah an die Bedeutung von Glück rankommen, zu differenzieren. So kann zwischen 4 Komponenten unterschieden werden. Unter **Belastungsfreiheit** wird ein Zustand von Unbeschwertheit bzw. der Entspanntheit, welcher kognitive Anteile von subjektiver Einordnung der Belastungsfreiheit enthält. Das Gegenstück dazu ist Schmerz und Leiden. Die **Freude** ist an eine zeitliche Kurzfristigkeit gebunden und geht mit Vitalität sowie Lebendigkeit einher. Prägnant ist der emotionale Zustand, in dem die Betroffenen sich gut fühlen. Das Gegenstück zur Freude ist das Unwohlsein. **Zufriedenheit** ist ein ruhigerer Zustand der Befindenheit. So ist es ein Produkt des Abwägens und Vergleichens. So kann die Zufriedenheit je nach Lebensbereich unterschiedlich ausfallen. Eine Person kann Zufriedenheit in der Ehe verspüren jedoch nicht bei dem Thema Finanzen. Das Gegenstück dazu ist Unzufriedenheit. Der intensivste Zustand des Wohlbefindens und eine lange zeitliche Folge beinhaltend ist das **Glück**. Es übergreift die vollständige Person. Das Gegenstück dazu sind Trauer oder Depressionen. [3]

---

[1] Vgl. Brandstätter et al. (2009), S. 585.
[2] Vgl. Brandstätter et al. (2009), S. 587.
[3] Vgl. Brandstätter et al. 2009), S. 587.

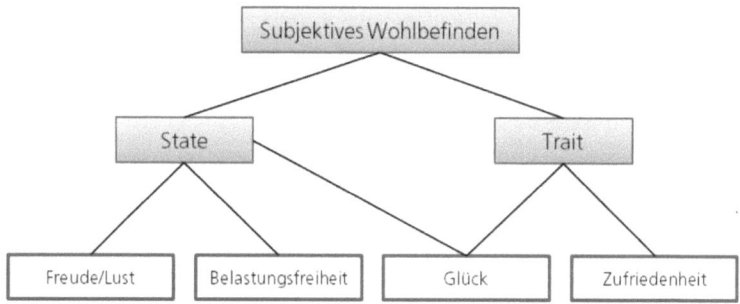

Abb. 1: Variablen subjektiven Wohlbefindens als State und Traits
(Quelle: Mayring, 2009, S.588).

In die in Abbildung 1 dargestellte State-Traits-Unterscheidung, lässt sich das Wohlbefinden besser einordnen. Den situationsspezifischen Gefühlszuständen, den sogenannten states, können Freude und Lust, sowie Belastungsfreiheit zugeordnet werden. Ihr Merkmal ist, dass sie an Situationen gebunden sind. Anders verhält es sich bei den Traits. Hier sind Glück und Zufriedenheit zuzuordnen. Diese zeichnen sich durch Persönlichkeitszüge aus, welche biografisch entwickelt wurden. Jedoch hat das Glück auch eine State-Komponente.[4]

Eine wichtige Fragestellung in Bezug auf Glück ist was Menschen glücklich macht bzw. wovon Glück abhängig ist. Insgesamt lassen sich aus der Glücksforschung 4 Korrelate nennen, welche mit Glück im Zusammenhang stehen sollen. Zu einem der **sozioökonomische Status**. Der Bildungsstand, die Finanzen sowie beruflicher Status korrelieren mit Lebenszufriedenheit, Glück und Wohlempfinden. Dabei ist dieser ein Grundwert, bedeutet das eine Überschreitung des Grundwertes keine proportionale Steigerung des Glückes bedeutet. Gegenteilig jedoch bewirkt das Verlieren von Arbeit, damit einhergehend Status sowie Sicherheit, eine elementare Bedrohung von Wohlbefinden. Die **soziale Integration**, also das Erlebnis von vertrauten Beziehungen sowie Partnerschaften korreliert mit Glück, Wohlbefinden sowie Zufriedenheit. Auch eine Teilhabe in der Gesellschaft zu leisten fließt hier mit ein. **Gesundheit** stellt ebenso ein Korrelat

---

[4] Vgl. Brandstätter et al. (2009), S. 588.

dar. Ein hoher Zusammenhang besteht mit dem selbsteingeschätzten Zustand der Gesundheit aber ebenso mit dem objektiven Gesundheitszustand.[5]

Eine weitere Frage die sich die Glücksforschung stellt ist, ob Glück **genetisch veranlagt** ist. Dazu haben Forscher Zwillingsstudien durchgeführt. Die Minnesota-Zwillingsstudien führte Multidimensionale Persönlichkeitsfragebögen mit mono- sowie bizygotischen Zwillingen durch, die jeweils getrennt aber teilweise auch gemeinsam aufwuchsen. Die Ergebnisse zeigten, dass bei eineiigen Zwillingen, welche gemeinsam aufwuchsen, 44 Prozent der Glücksvarianz die Gene ausmachen. Bei eineiigen Zwillingen, welche getrennt auswuchsen, machte dies 52 Prozent aus. Anders bei zweieiigen Zwillingen, welche gemeinsam aufwuchsen, machte dies 8 Prozent aus, während bei den früh getrennten Zwillingen keine Korrelation bestand. So scheint es, als sei die genetische Zusammensetzung zu einem großen Teil dafür verantwortlich, wie glücklich eine Person werden kann. Forscher gehen von einer genetischen Fixierung, des Wohlbefindens aus, die zu 80 Prozent festgelegt ist.[6]

Können die dem Menschen angeborenen **Persönlichkeitseigenschaften** Glück fördern? Viele Menschen verbinden eine extraversierte Persönlichkeitseigenschaft von Personen insgesamt mit mehr Glück. Doch ist dies so? Eine Studie von Costa und McCrae, die mehr als 700 Personen auf den Zusammenhang von Persönlichkeitseigenschaften und Glück untersuchte, kam zu einem eindeutigen Ergebnis. Extraversion zeigt einen größeren Zusammenhang mit subjektiven Wohlbefinden. Im Gegensatz dazu wirken neurotische Charakterzüge darauf hemmend.[7]

Ein weiterer wichtiger Bereich sind die sozialen Nahbeziehungen. Macht Liebe, Familie und Ehe glücklich? Menschen die verliebt sind, so zeigen einige Untersuchungen, lösen im Körper selbige Reaktionen aus wie bei Ekstasy oder auch Heroin. Versuchspersonen, welche aktuell frisch verliebt waren, bekamen bei einer Magnetresonanztomografie ein Foto der Geliebten vorgelegt. Es konnte eine

---

[5] Vgl. Brandstätter et al. (2009), S. 587.
[6] Vgl. Bucher (2009), S. 50.
[7] Vgl. Bucher (2009), S. 52.

Erhöhung der Tätigkeit des Tegmentum im Mittelhirn, welches ein Teil im Beloh-nungssystem ist, festgestellt werden. „Intensiviert sich seine Aktivität, erleben Menschen intensivstes Glück, gesteigerte Aufmerksamkeit und Erregung – dies ebenso massiv wie nach dem Konsum von Psychostimulanzen, speziell Kokain."[8] Auch die Qualität einer Ehe oder Partnerschaft soll das Lebensglück beeinflus-sen. So zeigen Studien, die auf der ganzen Welt durchgeführt wurden, dass Per-sonen in einer Ehe zu 80 Prozent zufrieden mit dem Leben sind, Singles 74 Pro-zent, 71 Prozent bei Verwitweten und bei Geschiedenen 65 Prozent. Auch zeigt sich der Effekt, dass Glückliche eher Heiraten. In einer umfassenden Studie in Norwegen, bei der 9.000 junge Menschen befragt wurden, fanden die Forscher heraus, dass diejenigen welche in den jüngeren Jahren glücklicher waren, eher heiraten als in der umgekehrten Variante.[9]

Ebenso sollen Freunde glücklich machen. So soll hier nicht die Anzahl der Freunde eine Steigerung des Glücks ausmachen, sondern vor allem die Qualität der Freundschaften. Diese wirken auch auf das eudaimonistische Wohlbefinden, welches förderlich auf die Realisierung der eigenen Potenziale wirkt. Gute Freundschaften erhöhen die Selbstwirksamkeit und machen freier, hoffnungsvol-ler und glücklicher, so die Untersuchung mit 703 Erwachsenen von Segrin und Taylor. Menschen haben nicht nur lediglich ein Bedürfnis dazuzugehören, son-dern auch danach, Menschen die eigene Bedrückung bzw. Kummer anzuver-trauen. In einer Beobachtung von 33 Menschen, welche den Holocaust überlebt haben, erzählten einige ihren Freunden die fürchterlichsten Erlebnisse, welche sie zuvor nie erzählten. Diejenigen die sich ihren Freunden öffneten, zeigten eine deutliche Erhöhung der Gesundheitswerte sowie des Glücks nach einem Zeit-raum von 14 Monaten.[10]

Ebenso sind **positive Lebensereignisse** ein Faktor. Damit ist der positive Zufall gemeint, durch den Glück entsteht. Beispielsweise ein Lottogewinn. Gleiches gilt in umgekehrter Beziehung.[11]

---

[8] Bucher (2009), S. 93.
[9] Vgl. Bucher (2009), S. 95.
[10] Vgl. Bucher (2009), S. 102.
[11] Vgl. Brandstätter et al. (2009), S. 592.

Glück hat verschiedenste Effekte. So resultiert aus dem Erlebnis von Glück, dass Menschen, die sich in einer empfunden guten Gemütslage befinden, dazu tendieren Hilfsbereitschaft zu zeigen. Der Name für dieses Phänomen lautet „feelgood-do-good-phenomenon".[12] So zeigt sich dieser Effekt in vielen Beobachtungen. Arbeiter die in einer guten Stimmung sind, sind wesentlich hilfsbereiter sowie kollegialer. Auch spenden glücklichere Menschen nachweislich öfter Blut. So wurde in einem Experiment die Hilfsbereitschaft mit der Korrelation von Glück untersucht. So ließ man Personen ein Geldstück in einem Telefonautomat finden. Ebenso wurde ein fremder Mann in die Nähe des Automaten platziert, der viele schwere Bücher zu schleppen hatte. Die Beobachtungen zeigten, dass die Personen, die ein Geldstück in dem Automaten gefunden hatten, ein deutlich hilfsbereiteres Verhalten zeigten und dem man helfen.[13] Eine weitere Sache, die mit Glück offenbar in Verbindung steht, ist die **Gesundheit**. So analysierten Forscher 178 Autobiografien junger Frauen und fanden heraus, dass diejenigen welche mehr positive Emotionen in ihren Lebensläufen ausdrückten und von fröhlichen Ereignissen berichteten, länger lebten. Von der fröhlicheren Teilmenge waren im 85 Jährigen Alter 90 Prozent dieser lebend, während auf der anderen Seite nur noch rund 34 Prozent das Alter erreichten.[14] Mögliche Hintergründe können sein, dass Glückserleben, so die Forscher, den Blutdruck senkt, sowie weniger Stresshormone ausgeschüttet werden, wie Kortisol.[15] Ebenso ist nachgewiesen, dass glücklichere Menschen eine höhere Anzahl von Immunoglobulin produzieren, welches das Immunsystem stärkt. Auch ist der gesündere Lebensstil, den die Emotion fördert, begünstig zu betrachten. Demnach verhalten sich glückliche Menschen gesünder und betätigen sich mehr sportlich.

Glück fördert auch die kognitiven Fähigkeiten. So waren sich lange Zeit die großen Philosophen der Zeit darüber einig, dass Emotionen die Vernunft negativ beeinflussen und demnach in keinem positiven Zusammenhang mit den kognitiven Prozessen stehen könnten. Doch die kognitive Emotionstheorie von Lazarus hat anderes bewiesen. Nachdenken ist immer verbunden mit einer spezifischen

---

[12] Vgl. Bucher (2009), S. 152.
[13] Vgl. Bucher (2009), S. 153.
[14] Vgl. Bucher (2009), S. 137.
[15] Vgl. Bucher (2009), S. 139.

Gefühlslage. Hirnforscher fanden heraus, dass Emotionen einen starken Beeinflussungsfaktor auf kognitive Prozesse haben. Es werden keine Informationen gespeichert (Neocortex), welche ohne Kontakt zum limbischen System, dem Ort im Gehirn in dem Emotionen verarbeitet werden. So kann der Mensch deutlich schneller lernen, wenn er sich in einer glücklichen Stimmung befindet.[16] Eine weitere Frage die Forscher beschäftig ist, ob beruflicher Erfolg durch Glück begünstigt wird. So wurde herausgefunden, dass Glück wesentlich größer mit dem Einkommen korreliert als die Ausbildung. Die Interpretation der Forscher ist sich einig. „Glückliche Arbeiter sind in der Regel erfolgreicher, weil sie, zumeist auch extravertierter, besser ins Team integriert und beliebter sind (Taylor et al.,2003)."[17]

Aufgabe C2 Emotionsforschung

Sind Emotionen messbar und wenn ja wie werden sie gemessen? Der Versuch Emotionen zu definieren erweist sich als sehr schwierig und es herrscht in der Wissenschaft keine Einigkeit darüber. „Einigkeit herrscht gegenwärtig darüber, dass man Emotionen als komplexe, multidimensionale Zustände betrachten kann, die aus drei grundlegenden Komponenten (>Reaktionstrias<) bestehen, dem Verhalten, physiologischen Begleitzuständen und dem subjektiven Erleben."[18] Um Emotionen zu messen, bedarf es Messinstrumente. Diese können grundsätzlich in drei verschiedenen Kategorien unterteilt werden. Dem subjektiven Erlebnis, den physiologischen Kennwerten und dem Ausdrucksverhalten.[19]

Angefangen mit dem **subjektiven Erleben**, Menschen nach ihrem eigenen emotionalen Erlebnis zu fragen. Dafür werden für gewöhnlich Fragebögen verwendet. Dazu müssen zunächst die Komponenten einer Emotion erklärt werden. Diese lässt sich in drei verschiedene Aspekte unterteilen. Zu einem die Intensität, die Dauer und die Häufigkeit.[20] Bei einer Befragung kann eine Retrospektive aber auch aktuelle Abfrage der Emotionen erfolgen. Jedoch ist hervorzuheben, dass bei einer Retroperspektive Rekonstruktionsfehler resultieren können, ebenso bei

---

[16] Vgl. Bucher (2009), S. 144.
[17] Bucher (2009), S. 155.
[18] Brandstätter et al. (2009), S. 191.
[19] Vgl. Brandstätter et al. (2009), S. 191.
[20] Vgl. Brandstätter et al. (2018), S. 150.

einer hypothetischen Einschätzung Konstruktionsfehler passieren können. Ein weiteres Risiko bei der Nutzung des subjektiven Erlebens ist, dass einige Personen die Neigung der sozialen Erwünschtheit in sich tragen und demnach negative Emotionen verfälscht wiedergeben.[21]

Bei den Messverfahren wird zwischen zwei Ansätzen unterschieden. Zu einem den kategorialen Ansatz sowie den dimensionalen Ansatz. Der **kategoriale Ansatz** geht von einer bestimmten Anzahl Emotionen aus, die eindeutig trennbar voneinander sein sollen. Diese sollen nicht weiter differenzierbar sein. Der **dimensionale Ansatz** geht davon aus, dass sich Emotionen aus elementaren Dimensionen fügen, die deutlich weniger in der Anzahl sind. Grundlegend wird hier zwischen zwei Dimensionen differenziert. Zu einem die Valenz und zum anderen die Erregung. Valenz meint wie angenehm oder unangenehm eine Emotion ist. Beispielsweise kennzeichnet sich Angst durch eine unangenehme Valenz, sowie ein hohes Maß an Erregung.[22]

Als Messmethodik für den dimensionalen Ansatz ist der **Positive and Negative Affective Schedule** (PANAS). Dieses Instrument geht dem Versuch nach, zwei Dimensionen des affektiven Erlebens darzustellen. Dafür werden positive Affekte, kurz PA, wobei hohe PA-Werte für Freude, hingegen die Gegenseite für Traurigkeit stehen soll. Als zweites werden die negativen Affekte kurz NA-Werte dargestellt, die in einer hohen Ausprägung auf Angst hindeuten und auf der gegenüberliegenden Seite auf Ruhe bzw. Ausgeglichenheit hinweisen. Die Methode beinhaltet 20 Adjektive, von denen 10 positive als auch 10 negative Affekte beschrieben werden. Die Gefragten werden nach der Häufigkeit des Vorkommens der einzelnen Elemente befragt. Der Vorteil dieses Verfahrens ist die Einfachheit, sowie die preisgünstige Möglichkeit Emotionen zu messen. Der Nachteil ist, dass einige der Befragten möglicherweise ihre Emotionen verfälscht wiedergeben. Bedeutet damit sie sich selbst und der fragenden Person nicht eingestehen wie negativ ihr Erleben wirklich ist.[23]

---

[21] Vgl. Brandstätter et al. (2018), S. 151.
[22] Vgl. Brandstätter et al. (2018), S. 151.
[23] Vgl. Schmidt-Atzert et al. (2014), S. 151.

Ein weiteres Beispiel für den dimensionalen Ansatz ist das **semantische Differential**. Hier sollen Assoziationen zu gewissen Begriffen gemacht werden. Dazu wird ein Begriff gezeigt sowie Adjektivpaare, welche wiederrum eingeschätzt werden sollen, inwieweit diese zu den Begriffen passen. Ein Beispiel für solche Adjektivpaare können stark-schwach etc. sein. Dabei werden die Erregung, Valenz sowie Dominanz auf erfasst.[24] Als Vorteil ist hierbei wieder der deutliche Kostenvorteil zu nennen, sowie die Effizienz. Der Nachteil könnte wie im Beispiel oben die leichte Verfälschbarkeit sein.[25]

Ein Beispiel für den kategorialen Ansatz ist der **Differential Emotions Scale** (DES). Hier werden 10 Emotionskategorien, die jeweils mit drei verschiedenen Adjektiven versehen sind, die mit einer fünfstelligen Skala zu werten sind, inwieweit diese mit den eigenen Empfinden korrelieren.[26] Der Vorteil ist hierbei wieder, dass es sich um eine deutlich einfache, kostengünstige Methode handelt. Der Nachteil ist wieder die leichte Verfälschbarkeit.[27]

Ebenso existieren auf den **Verhaltenskomponenten** einige Maßnahmen zur Messung von Emotionen. Hier werden vor allem die nonverbalen Anteile von Emotionen betrachtet. Primär die Veränderung der Stimme sowie der Mimik.[28]

Ein Beispiel für den mimischen Ausdruck ist das **Facial Action Coding System**, kurz FACS. Dabei beschreiben Beobachter die mimischen Veränderungen aus einem Spektrum von 44 Gesichtsmuskelbewegungen. Beispielsweise das Lippenpressen. Diese Beobachtungen werden dann codiert mit der Grundlage gewisser emotionaler Ausdrucksmuster.[29] Der Nachteil dieser Methode ist der hohe Aufwand. Es müssen Beobachter dafür eingesetzt werden, welche eine 100 stündige Schulung dafür absolviert haben müssen. Demnach ein großer Aufwand, und hohe Kosten. Der Vorteil ist eine geringere Verfälschbarkeit durch den Untersuchten, jedoch kann Fehleranfällig auf Seiten der Beobachter auftreten.[30]

---

[24] Vgl. Schmidt-Atzert et al. (2014), S. 537.
[25] Vgl. Brandstätter et al. (2018), S. 193.
[26] Vgl. Schmidt-Atzert et al. (2014), S. 87.
[27] Vgl. Brandstätter et al. (2018), S. 194.
[28] Vgl. Brandstätter et al. (2009), S. 194.
[29] Vgl. Schmidt-Atzert et al. (2014), S. 116.
[30] Vgl. Dieckmann et al, o.J., S. 324.

Eine weitere Methode ist die Elektromyografie, kurz **EMG**. Diese Methode ist ähnlich zu der gerade beschrieben Mimikbeobachtung, nur dass an Stelle der Beobachter, elektrophysiologische Messelektroden ins Gesicht des Untersuchten platziert werden. Diese Methode zeichnet sich durch eine deutlich höhere Erfassung mimisch emotionaler Reaktionen aus, da diese zum Teil unsichtbare Reaktionen einfangen kann. Das Instrument ist so gut, dass es selbst zwischen einem unechten und echten Lächeln unterscheiden kann.[31]

Auf der **physiologischen Emotionskomponente** werden Emotionen in Form von physiologischen Tendenzen sichtbar. Beispielsweise zeigt sich Wut durch eine erhöhte Muskelspannung, sowie höheren Blutdruck und eine schnellere Herzrate. Im Bereich des peripheren Nervensystems können sich Emotionen mit Hilfe eines Elektroencephalogramm, kurz **EEG** zeigen. Mit dieser Methode wird die elektrische Aktivität eins Gehirns, an der Oberfläche eins Hirns grafisch dargestellt. Durch einen bestimmten emotionalen Reiz kann nun die elektrische Darstellung beobachtet werden.[32] Als Vorteil dieser Methode lässt sich sagen, dass die zeitliche Auflösung als ausgezeichnet gewertet werden kann. Der große Nachteil ist, dass das Verfahren Aktivitäten in den großen Hirnregionen abbilden kann, jedoch einzelne Verarbeitungsschritte zwischen Hirnregionen sind nicht ersichtlich.[33]

Eine weitere Maßnahme ist der **Schreckreflex**. Üblicherweise folgt nach einer kleinen zeitliche Verzögerung nach einem Knall Schreckreflex, eine Anspannung des Nackenmuskulatur sowie der Rückenmuskulatur.[34] Ebenso folgt eine Lidschlussreaktion. Diese Reaktion ist unverfälschbar. Als Einsatzbereich kommt diese Methode zur Messung von Schreckintensität. Dazu werden Elektroden an das Augenlied platziert zur Erfassung, um Muskelaktivität zu messen. Als Reaktion zeigt sich, das negative Emotionen den Schreckreflex erhöhen, während positive diesen minimieren.[35] Die Vorteile dieser Methode sind eindeutig, dass diese nicht gefälscht werden kann. Da es sich um einen körperlichen Reflex handelt.

---

[31] Vgl. Schmidt-Atzert et al. (2014), S. 120.
[32] Vgl. Brandstätter et al. (2009), S. 155.
[33] Vgl. Brandstätter et al. (2018), S. 197.
[34] Vgl. Brandstätter et al. (2018), S. 198.
[35] Vgl. Brandstätter et al. (2009), S. 506.

Bei der Messung von Emotionen können verschiedene Probleme auftreten. So ist die Übertragung komplexer, subjektiver Empfindungen in objektive Zahlen ein großes Problem. Die Übertragung dieser, sofern sie gelingen kann, beinhaltet somit immer einen Verlust der tatsächlichen Emotion.[36]

Generell ist bei allen Methoden, die aufgelistet wurden damit zu rechnen, dass diese Verfahren teilweise zwar eine hohe Wahrscheinlichkeit der Emotionen wiedergeben, jedoch keine Garantie dafür vorliegt. Emotionen sind eine sehr komplexe, subjektive Empfindung, bei der in der Fachwelt schon Uneinigkeit über eine Definition von Emotionen besteht. Daher ist der Versuch ein komplexes subjektives Empfinden, objektiv zu messen als durchaus kritisch zu beurteilen. Die einzelnen Methoden decken lediglich einzelne Komponenten von Emotionen ab. Dabei fehlt es an ganzheitlicher Betrachtung der Emotionen. Ein weiterer Nachteil ist das durch alle Verfahren lediglich Basic Emotionen abgebildet werden aber Mixed Emotions, welche sich aus verschiedenen Emotionen zusammensetzen nicht betrachtet werden. Auch ist bei vielen Methoden Equipment, sowie erfahrenes Personal erforderlich. Als Vorteil bei den Verfahren, welche den Patienten aktiv befragen ist, dass die einzige Möglichkeit darstellt, die Emotionen tatsächlich darzustellen. Subjektive Empfindungen können nur durch die Person, welche sie erlebt beschrieben und dargestellt werden.

Abschließend beurteilend kann gesagt werden, dass die Fragebögen Verfahren die wirksamste Methode sind Emotionen reell abzubilden. Daher wäre das Verfahren **Differential Emotions Scale** das geeignetste Verfahren, da die Vorteile für sich sprechen. Bei diesen Verfahren werden zu bestimmten Emotionskategorien und Adjektiven auf das eigene Emotionserleben übertragen. Da es bei der Emotionsmessung um die Empfindungen der Person geht, bzw. eine Emotion ein Erleben des Menschen ist, muss dieser Versuch der Messung genau an der Stelle ansetzen, in Form von Fragen bzw. Assoziationen, welche auf das subjektive Emotionserlebnis abzielen.

---

[36] Dieckmann et al, o.J. S. 326.

Aufgabe C3 Rubikon-Modell

Das Rubikon Modell der Handlungsphasen ist eine Unterscheidung in motivationale und volitionale Prozesse. Dieses Modell geht auf die Metapher von Cäsar zurück, der mit dem Überqueren des Flusses Rubikon den Entschluss des Bürgerkrieges besiegelt hatte. Demnach ist die Überquerung des Flusses gleichzusetzen mit einer Verbindlichkeit gegenüber einem Ziel. Die Transformation eines Wunsches, welcher zu einem Ziel wird, ist der Zeitpunkt, in dem der Rubikon überquert wird. Doch was bedeuten die beiden Begrifflichkeiten überhaupt? Volition bedeutet so viel wie Wille, also die willentliche Umsetzung von Zielen. Dies ist ein Prozess von Selbststeuerung, bei dem äußere wie auch innere Wiederstände Hindernisse wie beispielsweise Unlust, durch eine willentliche Kraft überwunden werden müssen.[37] Die Motivation, aus dem lateinischen übersetzt mit *bewegen.* „Es geht um die Frage, welche Ziele eine Person anstreben will und welchen Kriterien sie hierbei folgt."[38] Personen welche eine Entscheidung zwischen verschiedenen Zielen leisten müssen, schenken der Realisierbarkeit sowie der Wünschbarkeit eine intensive Betrachtung. Beispielsweise wird eine Person wenig motiviert sein, wenn sie davon überzeugt ist, dass das Ziel unerreichbar oder überhaupt nicht wünschenswert ist.[39]

Abbildung 2 ist das Rubikon-Modell abgebildet. Ein gewisser Handlungsstrom wird in vier verschiedene Stufen unterteilt, welche wiederrum durch drei wichtige Übergänge bezeichnet sind.

---

[37] Vgl. Wirtz o.J.
[38] Wirtz o.J.
[39] Vgl. Heckhausen; Heckhausen (2010), S. 151.

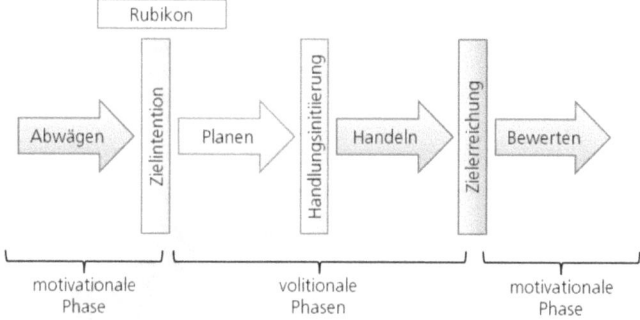

Abb. 2:Rubikonmodell der Handlungsphasen
(Quelle: Brandstätter et al. 2013, S.114)

Die vier Abschnitte sind in das Abwägen, Planen, Handel und Bewerten zu unterteilen. In dem ersten Abschnitt, welche auch prädezisionale Phase genannt wird, wird zwischen den Zielen, welche möglich realisierbar sind abgewägt. Hier stellt sich der Betroffene vor allem Fragen, ob die Ereignisse durch das eigene Handeln überhaupt erreicht werden können, genügend Zeit ist als auch weitere Mittel verfügbar und ob sich in naher Zukunft günstige Gelegenheiten zeigen werden, aber auch ob die Erreichung dies Ziels überhaupt wünschenswert ist. Anschließend folgt das **Planen**, welche auch postdesizionale Phase genannt wird. Hier verwandelt sich der ledigliche Wunsch zu einer konkreten Zielintention. Mit welchen Mitteln und welcher zeitlichen Gelegenheit soll die Realisierung gestartet werden? Im dritten Abschnitt, dem **Handeln**, auch aktionale Phase genannt, folgen konkrete Aktivitäten, welche der Erreichung des Zieles dienen. Der letzte Abschnitt das Bewerten, auch postaktionale Phase genannt, folgt eine Bewertung der Erreichung des Zieles. Wurde das Ziel erreicht, bleiben noch Aktionen offen, all dies sind Fragestellungen, welche in dieser Phase relevant sind.[40]

Die erste Phase, also das Abwägen sowie die letzte Phase der Bewertung sind beide zur motivationalen Phase zu zählen, wegen der Werteinschätzung sowie Erwartungseinschätzung die in diesen Phasen repräsentativ sind. Die mittigen Phasen, also das Planen sowie das Handeln zählen zu der volitionalen Phase, da selbstregulative Prozesse eine primäre Rolle spielen.[41] Motivation ist nach

---

[40] Vgl. Heckhausen; Heckhausen (2010), S. 151.
[41] Vgl. Heckhausen; Heckhausen (2010), S. 311.

dem Rubikon-Modell demnach gekennzeichnet durch eine Werteinschätzung sowie Erwartungseinschätzung und ist realitätsorientiert. Die Volition ist gekennzeichnet durch Selbstregulation, also realisierungsorientiert.[42]

Die Handlungskontrollstrategie im Gegensatz zum Rubikon-Modell beschreibt nicht lediglich kognitive Prozesse, sondern ebenso emotionale Prozesse. Zudem vernachlässigt das Rubikon-Modell die interindividuelle Unterschiedlichkeit verschiedener Menschen. Die Handlungskontrollstrategie geht davon aus, dass es meistens wiederstreitende Handlungstendenzen gibt, also Alternativen, die miteinander konkurrieren. Beispielsweise will eine Person die Einsendeaufgaben für sein Fernstudium erledigen, geht jedoch stattdessen mit Freunden ein Bier trinken. Bei diesem Beispiel ist das Erfüllen der Einsendeaufgaben die langfristig vernünftigere Alternative, jedoch scheint das Bier mit dem Freunden kurzfristig angenehmer und nicht so sehr anstrengend zu sein.[43]

Hier kommt die Handlungskontrollstrategie zum Einsatz, die Konflikte beseitigen soll. Das Prinzip der Handlungskontrollstrategie lautet, die Intentionen, welche nichtdominierend sind im Kopf aufrechtzuerhalten und von konkurrierenden Alternativen abzukapseln. So gibt es verschiedene Kontrollstrategien, die es zu unterscheiden gilt. Zu einem die Aufmerksamkeitskontrolle, Enkodierungskontrolle, Motivationskontrolle, Emotionskontrolle und die Umweltkontrolle. Ein zentraler Ursprung dieser Fähigkeit der Handlungskontrolle ist durch die in der Kindheit erworbene Fähigkeit des Belohnungsaufschubes. Kinder lernen ihre Handlungsimpulse, die unangemessen sind, zu unterdrücken.[44]

Wie effektiv die Handlungskontrolle klappt, hängt von dem Kontrollzustand der Handlungsorientierung und dem Kontrollzustand der Lageorientierung ab. Handlungsorientierung zeichnet sich durch die Eigenschaft aus, flexibel auf Anforderungen zu reagieren. Lageorientierung zeichnet sich durch das Nicht-Gelingen der Handlungskontrolle, indem sich die Personen durch negative Gedanken in dem Zustand verfängt. Diese Ausprägung hängt von den allgemeinen äußeren

---

[42] Vgl. Heckhausen; Heckhausen (2010), S. 311.
[43] Vgl. Brandstätter et al. (2018), S. 118.
[44] Vgl. Brandstätter et al. (2018), S. 118.

Umständen ab und der individuellen Affektregulationskompetenz, also der Verlagerung der Person. Diese ist in zwei Hypothesen unterteilbar. Zu einem die erste Affektmodulationshypothese und zu anderen die zweite Affektmodulationshypothese. Die erste Affektmodulationshypothese bedeutet, dass die Umsetzung einer Handlung durch eine Dämpfung der positiven Affekte geschwächt wird. In der Praxis bedeutet das, dass eine Handlung nicht durchgeführt wird und stattdessen über die Bedingungen, die mit einer Handlung einhergehen würde nachgedacht und die Handlung gar nicht erst begonnen wird. Die zweite Affektmodulationshypothese besagt, dass der Zugang zu den eigenen Bedürfnissen und Werten durch einen zu hohen negativen Affekt behindert ist. Selbstregulation bzw. Handlungskontrolle bedarf es erst, wenn die Zielerreichung durch Wiederstände von innen und außen blockiert sind. Beispielsweise durch Unlust oder Ablenkung.[45]

Ein Beispiel, um die Handlungskontrollstrategie näher zu erklären wäre der Fall, dass eine Person eigentlich lieber lernen sollte und mit der Alternative, dass ein Freund eine SMS geschrieben hat und ein Eis essen möchte, konfrontiert ist. Die Alternative zum Lernen, also das Eis essen, schafft kurzfristig mehr Befriedung und benötigt auch nicht so viel Energie. Falls die Person nun den Kontrollzustand der Handlungsorientierung in sich trägt, würde sie vermutlich das Eis essen aufschieben und es als Belohnung für sich umfunktionieren. Bedeutet, der innere Dialog könnte so aussehen, dass die Person sich der Wichtigkeit des Lernens bewusst ist und erst lernt, um sich dann zu späterer Stunde mit dem Freund zu treffen. Ist die Person nun Lageorientiert verfängt diese sich in den negativen Gedanken und das Eis essen gewinnt möglicherweise den Konflikt. Das Ziel der Handlungskontrollstrategie ist es nun, die weniger dominanten Intentionen, wie das Lernen in den Vordergrund zu rücken und die Ablenkungsfaktoren auszuschalten. Dies könnte wie oben beschreiben dadurch stattfinden, dass die Person dem Freund absagt oder auf den Abend verschiebt, wenn das Lernen beendet ist. Falls die Versuchung so groß ist, bzw. die Person keine Absage erteilen möchte, könnte sie auch die Nachricht einfach ignorieren und das Handy ausschalten.[46]

---

[45] Vgl. Brandstätter et al. (2018), S. 118.
[46] Vgl. Brandstätter et al. (2018), S. 118.

Quellenverzeichnis

Brandstätter, Veronika; Otto, Jürgen Bengel (2009): Handbuch der allgemeinen Psychologie - Motivation und Emotion. 1.Auflage, Göttingen.

Brandstätter, Veronika; Schüler, Julia; Puca, Rosa Maria (2018): Motivation und Emotion: allgemeine Psychologie für Bachelor: mit 33 Abbildungen und 9 Tabellen. 2. Auflage, Berlin.

Bucher, Anton A. (2009): Psychologie des Glücks: ein Handbuch. 1. Auflage, Weinheim.

Dieckmann, Anja; Gröppel-Klein, Andreas; Hupp, Andreas; Broeckelmann, Philipp; Walter, Katrin o.J.: Emotionsmessung in der Werbewirksamkeitsforschung. Url: https://www.nim.org/sites/default/files/medien/34/dokumente/emosensorpaper_jahrbuch2008_1.pdf, abgerufen am 21.Dezember 2019.

Heckhausen, Jutta und Heckhausen, Heinz (2010): Motivation und Handeln. 1. Auflage, Berlin.

Schmidt-Atzert, Lothar; Peper, Martin und Stemmler, Gerhard (2014): Emotionspsychologie: ein Lehrbuch. 2.Auflage, Stuttgart.

Wirtz, Andreas: Dorsch Lexikon der Psychologie. URL https://m.portal.hogrefe.com/dorsch/Volition/, abgerufen am 20. Dezember 2019a.

Wirtz, Andreas: Dorsch Lexikon der Psychologie. URL https://m.portal.hogrefe.com/dorsch/motivation/, abgerufen am 21. Dezember 2019b.